COLECCIÓN POPULAR

544

Cosmopolitas o patriotas

Traducción de
GUILLERMO PIRO

Martha Nussbaum
Richard Rorty
Gian Enrico Rusconi
Maurizio Viroli

Cosmopolitas
o
patriotas

FONDO DE CULTURA ECONÓMICA

México - Argentina - Brasil - Chile - Colombia - España
Estados Unidos de América - Perú - Venezuela

Primera edición en italiano, 1995
Primera edición en español, 1997

Título original:
Piccole patrie, grande mondo

© 1995, Reset, S. R. L.
ISBN de la edición original: 88-7989-147-2
© De "The Unpatriotic Academy",
   1994, The New York Times Co.
Reproducción autorizada
D. R. © 1997, Fondo de Cultura Económica, S. A.
   Suipacha 617; Buenos Aires
   Av. Picacho Ajusco 227; México D. F.

ISBN: 950-557-242-5

Hecho el depósito que marca la ley 11.723
Impreso en la Argentina - *Printed in Argentina*

Nota del editor

"The Unpatriotic Academy", artículo de Richard Rorty publicado el 13 de febrero de 1994 en *The New York Times*, renovó la antigua polémica entre cosmopolitas y patriotas. Sin embargo, en este caso la polémica no se desarrolló entre la derecha y la izquierda, sino dentro de una izquierda que comienza a preguntarse seriamente si es posible (o aun necesario) hacer del patriotismo un valor, reconocer un papel a la "emoción del orgullo nacional" y al "sentimiento de identidad nacional común".

En la discusión abierta por el artículo de Rorty participaron algunos de los más lúcidos intelectuales norteamericanos: Martha Nussbaum, Amy Gutmann, Charles Taylor, Anthony Appiah y Michael Walzer. Sus contribuciones al debate fueron primero recogidas por la *Boston Review* y, luego, publicadas en Italia por Reset/Donzelli, con ensayos adicionales de Maurizio Viroli y Gian Enrico Rusconi.

Así como los términos del debate propuesto no son inmediatamente traducibles en los términos de un posible debate análogo en otros países, los argumentos que sólo en parte nos pertenecen deben ser reformulados teniendo en cuenta los

distintos contextos históricos, culturales y políticos. La agudeza de las intervenciones aquí reuni-
das, a las que se les ha añadido el trabajo original
de Rorty, podría muy bien servir de base para esa
reformulación.

Introducción a la edición italiana
La *querelle* entre cosmopolitas y patriotas

por Maurizio Viroli

La *querelle* entre cosmopolitas y patriotas que ha suscitado y suscita tanto interés entre los intelectuales [norte]americanos no es una polémica entre izquierda y derecha, sino un enfrentamiento dentro de la misma izquierda. El problema que divide a los contendientes no es si las obligaciones morales y políticas hacia la humanidad tienen que preceder a las obligaciones hacia la nación, sino si la democracia (y algunos agregan la justicia social) necesita ciudadanos educados en los valores del cosmopolitismo y ciudadanos educados en los valores norteamericanos. El contraste no es, como sí lo ha sido en Europa, entre los partidarios de los principios universales de la libertad y de la justicia por un lado y los partidarios de los valores de la unidad étnica o cultural y religiosa de la nación por el otro, sino un contraste entre dos modos de perseguir los valores de la democracia y la justicia social. En este sentido, la *querelle* norteamericana es también un problema nuestro y merece seguirse con particular atención.

En el ya célebre artículo de Richard Rorty "The Unpatriotic Academy", aparecido en el *New York Times* del 13 de febrero de 1994 –que da comienzo al debate– es evidente que se trata de una disputa en el interior de la izquierda *liberal* y democrático-socialista. En dicho texto, Rorty se enfrenta con la izquierda académica, partidaria de la así llamada "política de la diferencia", o bien con una política tendiente a exaltar la diferencia radical de *todo* grupo étnico como garantía de realización personal y de justicia. Para ejemplificarlo, la izquierda dice que las mujeres (o los homosexuales, o los negros) tienen que cultivar sus propias diferencias culturales para obtener, como individuos, reconocimiento y valor, y, como miembros del grupo, justicia y protección. Es a esta izquierda, no a los conservadores, a la que Rorty le reprocha ser "antipatriótica", así como negar sentirse parte del país en el que vive, rechazar la idea de una identidad nacional norteamericana y menospreciar el valor emotivo del orgullo nacional. Rorty no está preocupado por la unidad mística u orgánica de la nación norteamericana, sino por el destino de la reforma social, por la suerte de los que están en desventaja y por el futuro de la izquierda norteamericana. Y escribe que una nación no puede reformarse a sí misma "si no está orgullosa de sí, si no tiene una identidad en la que se reconoce" y a la que trata de mantener

10

viva; y concluye el artículo diciendo que si la izquierda norteamericana no se siente orgullosa de ser heredera de Emerson, Lincoln y Martin Luther King, entonces no sólo "no hará nada bueno" sino que terminará por "ser objeto de desprecio".

Y que se trata de una disputa entre los sostenedores de los mismísimos valores políticos democráticos se ve en la naturaleza de los argumentos adoptados por unos y por otros en la justificación de sus tesis. La abanderada del cosmopolitismo, Martha Nussbaum, por ejemplo, subraya que acentuar el patriotismo es moralmente peligroso y que en última instancia debilita estos mismos valores —o bien los ideales de justicia e igualdad que los patriotas como Rorty proclaman que quieren reforzar. Y Amy Gutmann, acusada por Nussbaum de ser partidaria del nacionalismo, hace bien en rebatir que los valores nacionales que deberían inspirar la educación de los jóvenes son los valores de la ciudadanía democrática, de la libertad y de la justicia para todos, o bien los valores "nacionales" pero sólo en el sentido, bastante inocuo, de ser valores proclamados y enseñados en Estados Unidos.

Incluso, aunque están de acuerdo en la defensa de los principios de la democracia, los cosmopolitas y los demócratas discuten acerca del valor de la comunidad nacional: los primeros niegan que la pertenencia a la nación tenga un valor moral; los segundos replican que sin nación no es posible el ejercicio de la ciudadanía democrática.

Los límites nacionales, observa Martha Nussbaum, son datos puramente arbitrarios u occidentales, y entonces es totalmente irracional atribuirles un significado moral. Y es absolutamente inaceptable decir que tenemos menos obligaciones con los individuos que viven más allá de los límites que con los que viven dentro de ellos. Por su parte, los patriotas replican que, aunque carezcan de valor moral, los límites tienen en cambio valor político, porque definen el ámbito dentro del cual se ejerce la ciudadanía democrática. En otras palabras, podemos vivir como ciudadanos y hacer sentir nuestro peso como tales sólo en cuanto miembros de una comunidad nacional definida por límites precisos. Como observa Michael Walzer, no hay un mundo del cual podamos ser ciudadanos: no existen estructuras políticas del "mundo" dentro de las cuales podamos participar en las decisiones políticas soberanas, y tampoco existe un calendario de las conmemoraciones y las celebraciones de los ciudadanos del mundo. Sólo podríamos ser ciudadanos del mundo, opina Amy Gutmann, si existiera una estructura política mundial. Si queremos vivir como individuos libres e iguales debemos ser ciudadanos de alguna comunidad política y tenemos que ser educados en la práctica de esos valores que nos capacitan para participar activamente en la vida de nuestra comunidad política. Al mantener viva nuestra comunidad política como comunidad democrática, damos un gran servicio a la humanidad y nos sentimos dispuestos a reconocer y res-

12

petar las obligaciones de justicia, incluso respecto de quien vive más allá de los límites.

La crítica al cosmopolitismo en nombre de la prioridad de los valores políticos de la ciudadanía democrática podría incluir también un argumento de naturaleza moral. La tesis de que los límites nacionales no tienen relevancia moral se puede criticar en nombre de los mismos principios de libertad y de autonomía personal que justamente tanto aprecian los cosmopolitas. Éstos olvidan que, más allá de los seguros límites nacionales, no nos volveremos ciudadanos del mundo, sino ciudadanos o súbditos de otra nación, con la consecuencia obvia de que no podremos vivir según nuestra cultura (hablar nuestra lengua, cultivar nuestra historia, vivir según nuestras costumbres). Terminaremos por ser gradualmente absorbidos dentro de otra cultura nacional o nos volveremos culturalmente anónimos. Incluso dejando de lado la obvia consideración de que vivir según la propia cultura es una limitación de la libertad, ¿quién sería sinceramente feliz teniendo, por ejemplo, hijos culturalmente extranjeros o culturalmente anónimos? ¿Hijos que han adquirido la identidad nacional de otra nación o que ya no tienen ninguna? Más que un valor político, los límites tienen entonces un valor moral, en tanto mantienen vivas culturas y modos de vida que son importantes para el desarrollo y el enriquecimiento de la vida moral del individuo.

Los cosmopolitas y los patriotas norteamericanos, sin embargo, no están en desacuerdo sola-

mente respecto del valor de los límites nacionales, sino también en lo que atañe al orden de
prioridades de las obligaciones de la democracia.
Los primeros ponen el acento en las obligaciones
que la democracia tiene hacia el exterior, o bien
hacia los otros pueblos y hacia los otros individuos; los segundos, en las obligaciones de los ciudadanos con sus conciudadanos y con la república. Si a los jóvenes norteamericanos se los educa-
ra para pensar y vivir como ciudadanos del mundo, observa Martha Nussbaum, se verían seriamente perturbados por el hecho de que los es-
tándares de vida de los que ellos gozan no pueden extenderse a los demás países, sobre todo a
los países subdesarrollados. Sin una seria educación cosmopolita, los tan celebrados valores norteamericanos del respeto por la dignidad humana y por el derecho de cada persona a perseguir
la libertad y la felicidad se vuelven vacíos ejerci-
cios retóricos que cubren mezquinos intereses
nacionales. Los patriotas que intervienen en la
discusión no contestan a este argumento, pero
observan que educar a las nuevas generaciones
en los principios del cosmopolitismo debilitaría
la democracia norteamericana porque la democracia, y no sólo la norteamericana, necesita patriotismo. La democracia, explica Charles Taylor, vive hasta que la mayor parte de los ciudadanos siente a la república como una empresa
común importante, y considera que para mantenerla viva debe participar en la vida pública. Pero para hacer que los ciudadanos se sientan par-

te de un proyecto común y participen activamente de la vida democrática hace falta que los vínculos específicos de la cultura y de la historia, que sólo una educación patriótica puede conservar y reforzar, se mantengan vivos y en acción. Si los ciudadanos no sienten hacia sus conciudadanos un "fuerte sentimiento de identificación", concluye Taylor, la democracia muere, y la muerte de una democracia es un desafío para toda la humanidad.

Si bien la *querelle* entre cosmopolitas y patriotas considera indudablemente problemas de carácter general para la política democrática, no hay que olvidar las diferencias entre el contexto norteamericano y el contexto europeo e italiano. Pensemos, por ejemplo, en la espinosa cuestión del orgullo nacional. En el caso de los norteamericanos, lo recordaba ya Tocqueville, nos encontramos frente a un pueblo dotado de un fuerte orgullo nacional: orgullo de ser un pueblo que ha sabido conquistar su propia libertad y que ha construido y defendido una democracia fuerte, llena de defectos, que se ha visto manchada por graves injusticias hacia sus propios conciudadanos y hacia otros pueblos, pero que siempre, a los ojos de la mayor parte de los norteamericanos, es el mejor sistema político que pudo ponerse en práctica hasta ahora. Este orgullo de ser norteamericanos se traduce en la difundida convicción de que un norteamericano no puede tolerar la violación de los derechos fundamentales, y en este sentido el orgullo nacional es una moti-

15

vación para el quehacer democrático. Pero se traduce también en un sentimiento de superioridad hacia los que no son norteamericanos y en el rechazo a comprender el valor de la cultura y las experiencias de los otros pueblos.

En el contexto italiano el problema del orgullo nacional aparece en términos muy diferentes. Los italianos no poseen un marcado orgullo nacional, sobre todo porque, como ha subrayado recientemente Bobbio, no tienen mucho de qué vanagloriarse. Y sin la "garra" de ser italianos no se desarrolla el sentimiento de pertenencia a la comunidad nacional ni puede existir la nación como comunidad cultural e histórica.[1] Todo esto es verdad, pero ¿puede un pueblo que carece de orgullo nacional, que no tiene sentimiento de la propia dignidad, construir o reconstruir una república democrática? Quien no tiene orgullo ni conciencia de su propia dignidad tiende a resignarse y a ser tratado como un siervo; raramente encuentra la fuerza y las motivaciones para exigir que se lo trate como un ciudadano. Para reforzar el orgullo nacional que la democracia necesita no es necesario alentar la convicción de que "somos mejores que los demás", como a menudo piensan los norteamericanos. Basta con alentar la toma de conciencia, más modesta, de que también nosotros hicimos algo bueno. Si buscamos en nuestro pasado, podemos encon-

[1] Véase el artículo "Quale Italia?" aparecido en la revista *Reset*, n° 13, enero de 1995.

trar ejemplos de luchas por la libertad y por la justicia que pueden estimular el deseo de hacer algo para estar a la altura de los mejores momentos de nuestra historia nacional. Como escribía Carlo Rosselli, podemos encontrar una Italia a la que estamos orgullosos de pertenecer. No importa si la Italia que sentimos como nuestra fue casi siempre la Italia de los derrotados. Las derrotas por causas justas sirven más que el recuerdo de los triunfos, en cuanto educan un sentimiento de dignidad que es inmune a la vanidad y la vanagloria, y que está sostenido por el respeto y la comprensión hacia quien no salió airoso de su empresa.

No obstante, el problema sobre el que es urgente abrir un diálogo serio con nuestros amigos norteamericanos es la relación entre nación y democracia, o bien si el refuerzo del sentimiento nacional es una condición necesaria para el refuerzo de la democracia. A esta pregunta los *liberals* norteamericanos responden que la democracia no necesita una unidad nacional entendida como sentimiento de pertenencia a una misma cultura o, peor, a una misma etnia, sino que sólo necesita la común adhesión a los principios políticos universales de la libertad y de la igualdad civil y política. Los comunitaristas responden, en cambio, que la adhesión a los valores políticos universales no basta para suscitar en los ciudadanos el sentimiento de pertenencia común que sólo puede alimentar el compromiso civil y la solidaridad que necesita una buena democracia; entonces, además de la adhesión a los valores de la democracia hace falta una unidad más profunda, fundada en la cultura común, en la conciencia de formar parte de la misma historia, en la aceptación de los mismos valores morales. Y hay una tercera posición, a la que podríamos definir como democrático-socialista, que rechaza la propuesta comunitarista de reforzar la unidad cultural y moral de la nación y subraya que el verdadero sentimiento de pertenencia que necesita la sociedad es el sentimiento de pertenencia a la república, que nació y se desarrolló en Estados Unidos, con su historia, su cultura y su modo de vida particular, y que este tipo de unidad se refuerza con políticas de reforma social y con la participación en la vida política.

En Italia, la posición liberal-democrática se vio recientemente afianzada por Bobbio, que a la pregunta "¿cuál es la relación que se establece entre el sentimiento nacional y la aceptación de los principios de la democracia?" respondió observando que "los procesos de nacionalización y de democratización se desarrollaron generalmente en tiempos diferentes. De los dos procesos, el de unificación nacional llegó, si acaso llegó, antes. Cuando el proceso de democratización alcanza su maduración, el otro pierde en parte su función principal. Es más, puede ser utilizado, como sucedió en Italia, no para favorecer el desarrollo democrático sino para detenerlo y desordenarlo". Una Constitución liberal-democrática –me parece que es la conclusión de Bobbio– no necesita la idea de nación.[2]

En cambio, Gian Enrico Rusconi, en su libro *Se cessiamo di essere una nazione*,[3] así como en el ensayo que publicamos aquí, sostiene una posición cercana a la de los comunitaristas democráticos norteamericanos. Para que una democracia funcione, escribe Rusconi, "necesita de lealtad política y de solidaridad cívica. En el corazón y en la cabeza de los ciudadanos comunes (de la 'gente') estas virtudes no descienden de manera abstracta de principios universales, sino que se adquieren en el curso de una vivencia histórica y dentro de una comunidad a la que pertenecemos y en la cual se nos reconoce. En las grandes democracias occidentales esta comunidad política de pertenencia, que hace de vehículo y de contenedor histórico de los valores democráticos, fue y es la nación". Para reforzar la democracia hace falta entonces reforzar la nación, o bien reconstruir y robustecer los vínculos de cultura e historia que unen, sin borrar las diferencias y los conflictos, a los italianos. Una Constitución liberal-democrática que funcione necesita un patriotismo que consista, en primer lugar, en reconocerse positivamente en una historia común "que culmina en una nación democrática".

[2] Ibid.
[3] Il Mulino, Bolonia, 1993.

Como se ve, Bobbio y Rusconi ponen a la izquierda italiana frente a una elección importante. El primero sugiere continuar anclados en los valores de la república democrática tratando de transformar estos valores en cultura y costumbres compartidas sin caer en las seducciones de la nación; el segundo exhorta a aceptar los valores de la nación como sostén e integración de los valores de la república democrática.

Considero que Bobbio tiene razón al recomendar que nos olvidemos de la nación. Hablar de nación significa hablar de unidad: unidad étnica, cultural, lingüística, histórica. Puede haber muchos modos de definir, de construir o de "imaginar" una nación, pero cualquiera sea la vía elegida el resultado debe ser alguna forma de unidad cultural o moral. Tan así es que donde no existe una unidad semejante, como en Estados Unidos, los estudiosos se plantean el problema de si es lícito hablar de nación y algunos, con autorizados argumentos, responden que Estados Unidos no es una nación en el sentido tradicional, o que es una "nación de naciones", o una realidad absolutamente particular, "una unión social de uniones sociales". Pero en tanto unidad cultural o moral, la nación como tal no es un sostén y puede ser un peligro para la democracia por la obvia razón de que la democracia vive del pluralismo y del conflicto (en los límites de la legalidad) no solamente social y político, sino también cultural y moral. Si verdaderamente quisiéramos volver a Italia más nación de lo que es hoy, necesariamente deberíamos reducir el pluralismo cultural, o religioso, o los modos de vida que existen también entre nosotros. Con el resultado de que los italianos se volverían más hipócritas, intolerantes, presuntuosos y aburridos, sin transformarse en buenos ciudadanos. Si deseamos mejorar nuestra democracia reforzando la nación corremos el riesgo de disminuir el pluralismo y de encontrarnos con ciudadanos todavía peores.

Dicho esto aún hace falta responder al problema planteado por Rusconi, o sea, cómo afianzar los principios de la democracia en los sentimientos de pertenencia que puedan sostener y estimular, a su vez, el sentimiento de responsabilidad civil, para que los ciudadanos hagan lo que les corresponde liberándose de sus deberes civiles. En otras palabras, hace falta que se sientan parte de algo que no sea solamente la familia, o el sindicato, o la asociación profesional, o el partido, o la iglesia. Pero la idea que sugiere el tipo de unidad que la democracia necesita no es la nación, sino la patria en su significado clásico, o sea la patria entendida como libertad común de un pueblo protegida por las leyes y la Constitución y por las costumbres de la república. La diferencia entre patria y nación no es sólo de términos sino de contenido: la patria es un concepto político, la nación es un concepto cultural. La patria, como lo han explicado tantas veces los escritores políticos republicanos, sólo existe allí donde existen la libertad y la igualdad civil y política, mientras que la nación puede existir en cualquier régimen político. La patria puede provocar en los ciudadanos un tipo de virtud política que necesita la república: el amor a la ley y a la Constitución que defienden la libertad común del pueblo. El amor por la patria no es amor por una libertad abstracta. Es el acercamiento a la libertad que existe gracias a las instituciones de una república particular, que tiene una historia propia, un modo propio de vivir libre, una cultura propia. Es la preocupación por el bien común y la solidaridad en relación con los ciudadanos. Y dicha solidaridad se funda en el sentimiento de pertenencia a una república y en la identidad común como ciudadanos que tienen iguales derechos e iguales deberes.

En tanto acercamiento a la Constitución y a las leyes de la república, el amor por la patria de la que hablan los clásicos encuentra su "penetración en la verdad y el cumplimiento", como subraya Rusconi, en el concepto contemporáneo de "patriotismo constitucional". Pero no hay que olvidar que este tipo de amor por la patria es un amor esencialmente político que nace, en primer lugar, del buen gobierno y de la participación activa de los ciudadanos. Para seguir vivo y desarrollarse, necesita historias compartidas y una cultura inspirada en los principios de la república; pero sobre todo necesita justicia, no homogeneidad cultural, religiosa o étnica. Si queremos reforzar el sentido de responsabilidad civil que necesita la democracia, debemos trabajar para hacer de la nuestra una república más justa y para estimular la participación en la vida política sin tratar de estimular la unidad cultural o, peor aún, étnica o religiosa.

Desde este punto de vista la discusión norteamericana ofrece algunos principios teóricos y políticos útiles, en tanto sugiere la posibilidad de un patriotismo que puede funcionar como motivación de la responsabilidad y del esfuerzo civil sin poner en peligro el pluralismo étnico, cultural y religioso en el que se basa la democracia norteamericana. Se trata de un patriotismo político sostenido no por el acercamiento a una religión, o a un grupo étnico, o a una cultura particular sino por la adhesión a los valores políticos de la república y al modo de vida y a la cultura inspirada en aquellos valores. Es un patriotismo que tiene sus textos fundamentales –la Declaración de la Independencia, los discursos de Lincoln, sobre todo el de Gettysburg, la Constitución y las sentencias de la Corte constitucional, incluida aquella que declaró que quemar la bandera no ofende al patriotismo norteamericano–, que está abierto a un continuo trabajo de interpretación y reinterpretación de la historia nacional. Pero es sobre todo un patriotismo que puede y debe ser sostenido, como ha escrito Walzer, "sólo por la política", sin desear la restauración o la instauración de cualquier forma de unidad cultural de la nación norteamericana.

Todo esto invita a hacer algunas reflexiones acerca de nuestro caso. No creo que los males de la república nacida de la Resistencia hayan surgido del hecho de que una vez instituida la república democrática no se intentara darle un adecuado fundamento nacional. Creo más bien, como subraya Rusconi, que el error fue justamente no haber sabido traducir el patriotismo provocado por la Resistencia en una cultura difundida. Croce estaba en lo cierto cuando lamentaba, en junio de 1943, que "resuena hoy, por sobre todo, la palabra libertad; pero no otra que en un tiempo iba unida a ésta: la patria, el amor por la patria, el amor hacia nosotros, los italianos, por Italia".[4] Y subrayaba, en cambio, que hay que volver a hablar de la patria y del amor por la patria, y que el amor por la patria "debe recuperarse, con honor, precisamente contra el cínico y estúpido nacionalismo, porque aquél no es afín al nacionalismo, sino su contrario". Si el amor por la patria vuelve a encenderse en los corazones de los italianos, concluía Croce, los partidos políticos encontrarán en esto un fundamento común, un ideal superior a los intereses útiles, más aún, necesarios, para garantizar el desarrollo del conflicto político. El patriotismo entendido en su significado auténtico hubiera podido ser entonces el fundamento de una sana, dinámica y abierta sociedad liberal.[5] Desde que Croce escribió estas palabras hasta nuestros días, los intelectuales italianos han repetido infinidad de veces que gran

---

[4] Benedetto Croce, "Una parola desueta: l'amor di patria", en *L'idea liberale. Contro le confusioni e gl'ibridismi*, Bari, Laterza 1944, p. 21.
[5] Ibid., pp. 22-23.

parte de los males de Italia deriva de la falta de una sólida cultura liberal. Es verdad, pero han olvidado agregar, salvo pocas excepciones, que sin patriotismo no se construye y no se conserva una buena sociedad liberal y mucho menos una buena democracia. El análisis quedó incompleto y la parte que faltaba no era un adorno retórico, sino el instrumento necesario para dar fuerza al proyecto liberal y democrático, como enseña la experiencia de otros países donde ese proyecto tuvo mejor vida. Tratamos de no repetir el mismo error y de no cometer otros peores. Si la izquierda quiere ser la fuerza política que pretende hacer de Italia una república digna de este nombre debe dejar de lado tanto las tentaciones comunitaristas y nacionalistas como el universalismo neutro y abstracto, y tiene que aventurarse por un nuevo camino, que es el de la tradición republicana y la filosofía civil. Por una divertida ironía de la historia, esta tradición intelectual y política que nació y se desarrolló en Italia durante el Humanismo y el Renacimiento nos es propuesta hoy, una vez más, desde la otra orilla del Atlántico. Volvamos a trabajar en esta tradición y pongámosla entre los fundamentos del proyecto cultural de una izquierda que sea, sin vacilaciones, la fuerza política de la renovación civil en Italia.

La academia antipatriótica

por Richard Rorty

A pesar de la indignación que podamos sentir frente a la cobardía y la corrupción gubernamentales y la desesperación ante lo que se les hace a los más débiles y más pobres, la mayoría de nosotros aún se identifica con nuestro país. Nos enorgullecemos de ser ciudadanos de una democracia duradera, que se inventó y se reforma a sí misma. Consideramos que Estados Unidos tiene gloriosas –aunque un poco deslucidas– tradiciones.

Muchas de las excepciones a esta regla se encuentran en facultades y universidades, en los departamentos académicos que se han convertido en santuarios de las concepciones políticas de izquierda. Me agrada que existan dichos santuarios, aunque quisiera que tuviéramos una izquierda con una base más amplia, menos enredada en sí misma y abrumada de jergas que la actual. Pero cualquier izquierda es mejor que ninguna, y ésta está haciendo mucho bien a personas que recibieron un trato injusto en nuestra sociedad: mujeres, afroamericanos, *gays* y lesbianas. A largo plazo, esta focalización en grupos marginados contribuirá a hacer que nuestro país sea mucho más decente, tolerante y civilizado.

Pero esta izquierda tiene un inconveniente: es antipatriótica. En nombre de la "política de la diferencia" se niega a alborozarse por el país que habita. Repudia la idea de identidad nacional y la emoción del orgullo nacional. En este repudio radica la diferencia entre el pluralismo estadounidense tradicional y el nuevo movimiento denominado multiculturalismo. El pluralismo es el intento de hacer de Estados Unidos lo que el filósofo John Rawls llama "una unión social de uniones sociales", una comunidad de comunidades, una nación con mucha más cabida para la diferencia que casi todas las demás. El multiculturalismo se está convirtiendo en el intento de mantener a estas comunidades enfrentadas entre sí.

Los izquierdistas académicos, entusiastas del nuevo movimiento, desconfían de la reciente propuesta de Sheldon Hackney, presidente del National Endowment of the Humanities [Fondo Nacional para las Humanidades], de realizar concejos municipales televisados para "explorar el significado de la identidad estadounidense". Cuando Richard Sennett criticó al señor Hackney, un distinguido analista social, señaló que la idea de dicha identidad es sólo "el rostro caballeresco del nacionalismo", al mismo tiempo que hablaba de "lo pernicioso de una identidad nacional compartida".

Es demasiado pronto para decir si las conversaciones propuestas por el señor Hackney serán fructíferas. Pero lo sean o no, es importante insistir en que la percepción de una identidad nacional compartida no es un mal. Es un componente absolutamente esencial de la ciudadanía de cualquier intento de tomar en serio nuestro país y sus problemas. No hay incompatibilidad entre el respeto por las diferencias culturales y el patriotismo estadounidense.

Como cualquier otro país, el nuestro tiene muchos motivos para enorgullecerse y muchos para avergonzarse. Pero una nación no puede reformarse a menos que se enorgullezca de sí misma: a menos que tenga una identidad, se regocije en ella, reflexione sobre ella y trate de ser digna de ella. Ese orgullo asume a veces la forma de un nacionalismo arrogante y belicoso. No obstante, a menudo se presenta como el anhelo de mantenerse fiel a los ideales profesados de la nación.

Ése es el deseo al cual apelaba el reverendo Martin Luther King, alguien de quien todo estadounidense puede estar orgulloso. Es tan apropiado que los estadounidenses blancos se enorgullezcan del reverendo King y su éxito (limitado) como que los estadounidenses negros se enorgullezcan de Ralph Waldo Emerson y John Dewey y los suyos (también limitados). Cornel West escribió un libro, *The American Evasion of Philosophy*, sobre las relaciones entre Emerson, Dewey, W. E. B. Du Bois y su propia predicación en las iglesias afroamericanas. El difunto Irving Howe, cuyo *World of Our Fathers* hizo un gran aporte a nuestra conciencia de que somos una

29

nación de inmigrantes, también trató de convencernos (en *The American Newness: Culture and Politics in the Age of Emerson*) de que atesoráramos una esperanza característicamente estadounidense y emersoniana.

El señor Howe podía alborozarse por un país que recién en su tiempo comenzó a permitir que los judíos fueran miembros plenos de la sociedad. Cornel West, a pesar de todo, puede identificarse con un país que, al negarles escuelas y empleos decentes, mantiene a tantos estadounidenses negros en la humillación y la miseria.

No hay contradicciones entre esa identificación y la vergüenza frente a la codicia, la intolerancia y la indiferencia ante el sufrimiento tan difundidas en Estados Unidos. Al contrario, uno sólo puede avergonzarse por el comportamiento de su país en la medida en que siente que efectivamente es su país. Si dejamos de lado esa identificación, dejamos de lado la esperanza nacional. Si dejamos de lado la esperanza nacional, ya ni siquiera trataremos de cambiar nuestras costumbres. Si los izquierdistas estadounidenses dejan de enorgullecerse de ser los herederos de Emerson, Lincoln y King es improbable que se haga realidad la profecía de Irving Howe de que "la 'novedad' resurgirá": de que volveremos a experimentar la gozosa autoconfianza que colma el *American Scholar* de Emerson.

Si en bien de la pureza ideológica o debido a la necesidad de mostrar el mayor enojo posible la izquierda académica insiste en una "política de la diferencia" quedará cada vez más aislada y sin posibilidades de una acción eficaz. Una izquierda antipatriótica nunca consiguió nada. Una izquierda que se niegue a enorgullecerse de su país no tendrá influencia en su política y, finalmente, se convertirá en objeto de desprecio.

Charlottesville, Va, 13 de febrero de 1994

Educar ciudadanos del mundo

por Martha Nussbaum

> Cuando alguien le pregunta de
> dónde viene, él responde: "soy
> ciudadano del mundo".
>
> Diógenes Laercio
> *Vida de Diógenes el Cínico*

En una de las novelas de Rabindranath Tagore, *La casa y el mundo*, la joven esposa Bimala, encantada por la retórica patriótica de Sandip, amigo de su marido, se vuelve una encarnizada partidaria del movimiento *Swadeshi*, que ha organizado un boicot en contra de la importación de mercaderías extranjeras. El eslogan del movimiento es "Bande Matanam", Viva la Madre Patria. Bimala lamenta que su marido, un hacendado hindú cosmopolita, se mantenga alejado de la causa:

"No es que mi marido no quisiera adherir al movimiento *Swadeshi*, o que de alguna manera estuviera en contra de la causa. Simplemente no era capaz de aceptar generosamente el espíritu de 'Bande Matanam'."

"Deseo con todo el corazón servir a mi país", decía él; "pero reservo mi veneración para el derecho, que es mucho más grande que mi país. Venerar a mi país como a un dios es maldecirlo".

Los norteamericanos a menudo han adherido al principio del "Bande Matanam"; en realidad han atribuido al hecho de ser norteamericanos una gran importancia en la deliberación moral y política; y el orgullo de compartir una identidad y una ciudadanía específicamente norteamericanas siempre fue una motivación determinante en la acción política. Creo, junto con Tagore y su personaje Nikhil, que ampliar el orgullo patriótico es moralmente peligroso y en última instancia incluso subversivo en relación con algunos de los objetivos que el patriotismo declara servir: por ejemplo, el de la unidad nacional en homenaje a los justos ideales morales de justicia e igualdad. Yo sostengo, en cambio, que tales objetivos sacarían provecho de un ideal más adecuado a la situación del mundo contemporáneo: vale decir del antiguo ideal cosmopolita, del individuo cuya lealtad se dirige a la comunidad de los seres humanos del mundo entero.

La motivación de esta tesis deriva, en parte, de mi experiencia de trabajo sobre la calidad de vida en el nivel internacional en un instituto de economía del desarrollo vinculado a las Naciones Unidas. Y fue suscitada también por la reaparición –en algunos debates recientes acerca del ca-

34

rácter norteamericano y acerca de la educación–del orgullo nacional y de los llamados a la nación. En el artículo ya muy conocido aparecido en el *New York Times* (13 de febrero de 1994), el filósofo Richard Rorty exhorta a los norteamericanos, sobre todo a la izquierda norteamericana, a no despreciar el patriotismo como valor y a reconocer un rol fundamental a la "emoción del orgullo nacional" y al "sentimiento de identidad nacional común". Rorty sostiene que no podemos siquiera encauzar una crítica constructiva a nosotros mismos si no nos "alegramos" de nuestra identidad norteamericana y si no nos definimos en los términos de esa identidad. Parece considerar que la alternativa de fondo a una política basada en el patriotismo y en la identidad nacional es lo que él llama una "política de la diferencia", que se fundaría en la división interna entre subgrupos étnicos, raciales, religiosos, etcétera. El filósofo no considera siquiera la posibilidad de que la emoción y el interés político puedan tener una base internacional más amplia.

Y no se trata de un caso aislado. El artículo de Rorty responde y defiende la invitación hecha por Sheldon Hackney a tener una "conversación personal"[1] para discutir la identidad norteamericana. Participé personalmente en la primera fase de ese proyecto; era consciente de que eso, tal

[1] Véase el discurso de Hackney en la Asociación Nacional de Prensa (National Press Club).

35

como había sido inicialmente concebido,[2] proponía un análisis interno, circunscrito a los límites de la nación y no a un examen de las obligaciones y de los esfuerzos que ligan a Norteamérica con el resto del mundo. La contradicción que surgía del proyecto, así como en el artículo de Rorty, era entre una política basada en la diferencia étnica, racial y religiosa y otra fundada en una identidad *nacional* común. En el proyecto, ningún espacio estaba dedicado a lo que nos vuelve dependientes y parecidos a los otros seres humanos racionales.

Los sostenedores del nacionalismo en política y en el ámbito de la educación generalmente hacen pobres concesiones al cosmopolitismo. Afirman, por ejemplo, que si bien las naciones en general basan la educación y la deliberación política en valores *nacionales* comunes, el interés por los derechos humanos fundamentales debería formar parte de cualquier sistema de educación nacional, y dicho interés debería servir, en cierto modo, para mantener unidas a muchas naciones.[3] Parece un comentario adecuado a la realidad de los hechos; y subrayar la importancia de

[2] Ésta es una precisión importante. Se está trabajando todavía en el proyecto, y yo aún formo parte de él.

[3] Un ejemplo reciente sobre el tema se encuenta en Amy Gutmann, «Multiculturalism and Democratic Education», ponencia leída en la Conferencia sobre *La igualdad y sus críticos*, que se llevó a cabo en la Brown University en marzo de 1994. El presente artículo nació como un comentario a la ponencia de Gutmann.

los derechos humanos seguramente es necesario en un mundo en el que las naciones interactúan en términos –esperemos– de justicia y respeto recíprocos.

¿Pero, basta con esto? Mientras los estudiantes crecen, ¿es suficiente que aprendan que son, antes que nada, ciudadanos de Estados Unidos, pero que también deben respetar los derechos humanos fundamentales de los ciudadanos hindúes, bolivianos, nigerianos y noruegos? ¿No deberían aprender (como yo creo), además de la historia y la situación actual de su país, mucho más acerca del resto del mundo en el que viven, sobre la India, Bolivia, Nigeria y Noruega, sobre sus historias, sus problemas y progresos? ¿Deben aprender solamente que los ciudadanos hindúes tienen iguales derechos, o deben aprender a conocer algo también de los problemas del hambre y de la contaminación en la India, y de las implicaciones que tienen estos problemas, en términos más amplios, en el hambre en el mundo y en la ecología del planeta? Y, sobre todo, ¿deben aprender que son antes que nada ciudadanos de Estados Unidos, o bien que son ciudadanos en un mundo de seres humanos y que, aun siendo ciudadanos de Estados Unidos, tienen que compartir este mundo de seres humanos con los ciudadanos de otros países? Sugiero cuatro argumentos a favor de esta segunda concepción, que defino como educación cosmopolita.

1. A través de la educación cosmopolita aprendemos más de nosotros mismos. Uno de los obstácu-

los más consistentes para una racional deliberación política lo constituye la sensación, no muy
identificada, de que las preferencias y los comportamientos del individuo son normales y naturales. Una educación que perciba los límites nacionales como moralmente relevantes muy a menudo refuerza este tipo de racionalidad, confi-
riendo a lo que es solamente un accidente de la
historia un aspecto de consistencia moral y de
gloria. Observándonos a nosotros mismos a través de la lente de los demás llegamos a distinguir
aquello que, en nuestra práctica, es local y superfluo, y lo que es más amplia y profundamente
compartido. Nuestra nación es vergonzosamente
ignorante respecto de gran parte del resto del
mundo. Considero que esto significa que, debido
a muchos aspectos importantes, también es ignorante en lo que atañe a sí misma.

Sólo un ejemplo, dado que 1994 fue para las
Naciones Unidas el año internacional de la familia: si queremos comprender nuestra historia y
nuestras elecciones allí donde la estructura de la
familia y la educación de los niños tienen un papel importante, es de gran ayuda mirar en torno
y analizar qué configuraciones asume la familia y
con qué estrategias se educa a los niños. (Dicha
operación debería incluir el estudio de la *historia*
de la familia, tanto en nuestra tradición como en
otras.) Un análisis de este tipo pondría en eviden-
cia, por ejemplo, que la familia nuclear compues-
ta por dos padres, en la que la madre es la primera artífice de dicha estructura y el padre el que

gana el pan, no es la única que está en condiciones de criar hijos en el mundo de hoy. La familia amplia, los núcleos de familias, la aldea, las asociaciones de mujeres: éstos y otros grupos son considerados en varias partes del mundo los primeros responsables de la educación de las nuevas generaciones. Gracias a este tipo de análisis podemos preguntarnos, por ejemplo, cuál es el porcentaje de abuso de la infancia en familias en las que están presentes, además de los padres, los abuelos y otros parientes, respecto de la familia nuclear, más bien aislada, de tipo occidental; o bien, cuántas estructuras de asistencia a la infancia y de qué tipo existen para permitir que la mujer trabaje, y si son adecuadas.[4] Si no comenzamos a enfrentar en estos términos el proyecto educativo, corremos el riesgo de convencernos de que las posibilidades que nos son familiares son las únicas practicables, y que son de alguna manera "normales" y "naturales" para el género humano en cuanto tal. Lo mismo vale para la concepción del sexo y del género, para el trabajo y su división, para la propiedad y el tratamiento de la infancia y los ancianos.

2. *Tratamos de progresar en la solución de problemas que requieren la cooperación internacional.* Esta circunstancia elemental puede constituir, para los niños, una primera aceptación del

[4] Para algunos problemas vinculados a la mujer y al trabajo, véase M. Nussbaum y J. Glover, (dir.), *Women culture and Development*, Oxford, Clarendon Press, en preparación.

hecho de que, nos guste o no, vivimos en un mundo en el que los destinos de las naciones están estrechamente ligados a los bienes primarios y a la misma supervivencia. La contaminación producida por los países del Tercer Mundo, que tratan de emular nuestro nivel de vida, en algunos casos irá a parar al aire que respiramos. Prescindiendo de las soluciones que se adopten, cualquier decisión ecológica inteligente –y también cualquier decisión relativa a las reservas alimentarias y al problema demográfico– requiere una planificación global, un conocimiento global y la capacidad de reconocer que el futuro es de todos.

Para conducir un diálogo global de este tipo no necesitamos conocer solamente la geografía y la ecología de otras naciones –y esto ya implicaría la revisión de programas escolares–; será también necesario saber mucho del pueblo con el que hablamos, de manera que, dirigiéndonos a ellos, podamos estar en condiciones de respetar sus tradiciones y sus exigencias. La educación cosmopolita puede suministrar la base necesaria para este tipo de decisiones.

3. *Aceptamos el hecho de tener obligaciones morales con el resto del mundo –obligaciones reales, que de otra manera permanecerían desconocidas.* ¿Qué piensan hacer los norteamericanos, sin provocar un desastre ecológico, frente al hecho de que nuestro elevado nivel de vida probablemente no puede hacerse universalmente extensivo, dados los costos actuales en los controles

de la contaminación y la actual situación económica de los países en vías de desarrollo? Si to-
mamos al pie de la letra la moral kantiana –cosa que no nos vendría mal– debemos educar a
nuestros hijos para que se preocupen por esto.
De lo contrario, construiremos una nación de
hipócritas que hablará la lengua de la "universa-
lidad", pero cuyo universo tendrá un horizonte
estrecho y utilitarista.

Podría parecer que este punto presupone un
comportamiento universalista más que ser un argumento en su favor. Pero es posible observar
que los valores de los que los norteamericanos se
enorgullecen son, mirándolos bien, valores estoi-
cos: el respeto por la dignidad humana y la oportunidad para todos de perseguir la felicidad. Si
verdaderamente creemos que todos los seres humanos fueron creados iguales y dotados de algunos derechos inalienables, tenemos la obligación
moral de reflexionar en torno de lo que dicha
concepción nos pide que hagamos con y por el
resto del mundo.

4. *Tratamos de construir argumentaciones relevantes y coherentes fundadas en distinciones que estamos verdaderamente prontos a defender.* Volvemos a la defensa de los valores comunes expresa-
da en el artículo de Rorty y en el proyecto de
Sheldon Hackney. En estos elocuentes llamados
al bien común hay algo que me hace desconfiar
mucho. Por un lado, Rorty y Hackney tienen razón en insistir acerca de la centralidad, en el ámbito de la deliberación democrática, de aquellos

valores que ligan a todos los ciudadanos. ¿Pero por qué motivo estos valores, que nos enseñan a tender la mano más allá de los confines étnicos, raciales, de clase y de género, deberían perder fuerza cuando nos acercamos a los confines de la nación? Admitiendo que un límite moralmente arbitrario como es el de nación juega un papel profundo y estructural en nuestras decisiones, nos privamos de cualquier motivación válida para inducir a los ciudadanos a ignorar también las otras barreras.

En realidad, tanto dentro como fuera de la nación existen los mismos grupos. ¿Por qué razón debemos considerar a los chinos como nuestros compatriotas si viven en Estados Unidos, y como extranjeros si viven en China? ¿Qué hay de mágico en el límite nacional para convertir a un pueblo, frente al que somos indiferentes y por el que no sentimos ninguna curiosidad, en un conjunto de personas a las que debemos respeto? Considero, en suma, que no siendo central en la enseñanza el respeto más amplio por el mundo se reducen las posibilidades de enseñar el respeto multicultural dentro de la misma nación. El patriotismo de Richard Rorty puede ser un modo para unir a todos los norteamericanos; pero el patriotismo está muy cerca del chauvinismo, y no me parece ver en las argumentaciones de Rorty ninguna sugerencia para exorcizar este peligro.

Por otra parte, la defensa de los valores nacionales comunes, que encontramos tanto en Rorty como en Hackney, los lleva a apelar a algunas características fundamentales del individuo que naturalmente trascienden los límites nacionales. De esta manera, si no enseñamos a nuestros niños a superar esos límites en sus mentes y en sus imaginaciones, tácitamente, lo que les comunicamos es que no creemos en lo que decimos. Decimos que el respeto debe ser acordado a la humanidad en cuanto tal, pero en realidad entendemos que los norteamericanos en cuanto tales son dignos de un respeto especial. Y considero que ésta es una historia que los norteamericanos han escuchado durante mucho tiempo.

De la aldea al Estado mundo

por Anthony Appiah

Mi padre fue un patriota de Ghana. Durante cierto tiempo, en nuestro periódico local, tuvo una columna titulada "¿Vale la pena morir por Ghana?", de la que resultaba evidente que para él la respuesta era sí. Pero amaba también a Ashanti, la región del país donde tanto él como yo crecimos. Se trata de un reino que fue incorporado a una colonia británica y sucesivamente se transformó en una región que formó parte de una nueva república multiétnica. Un ex reino que tanto él como su padre amaban y a cuyo servicio estaban dedicados.

Cuando mi padre murió, mis hermanas y yo encontramos un papel, escrito de su puño y letra, que había quedado inconcluso: eran las últimas palabras de amor y de sabiduría para sus hijos. Después de algunos parágrafos en los que recordaba que descendíamos de una estirpe doble –ghaneana e inglesa– había escrito estas palabras: "Recuérdenlo siempre: ustedes son ciudadanos del mundo". Y continuaba explicando lo que entendía con eso, esto es, que cualquiera fuera el lugar donde eligiéramos vivir –y en tanto ciudadanos del mundo habríamos elegido vivir en cualquier parte– deberíamos hacerlo de tal modo que dejáramos este mundo "mejor de como lo habíamos encontrado".

Para mí, el ejemplo de mi padre demuestra, mejor que cualquier otro discurso abstracto, las posibilidades que los enemigos del cosmopolitismo niegan. Nosostros, los cosmopolitas, podemos ser patriotas, amar a nuestra patria (no los estados donde nacimos, sino aquéllos donde vivimos); nuestra fidelidad hacia el género humano –una unidad tan vasta y tan abstracta– no nos priva de la capacidad de tener en nuestro corazón vidas más cercanas a nosotros; el concepto de ciudadanía global puede tener un significado real y práctico. El concepto de educación cosmopolita propuesto por Martha Nussbaum y las argumentaciones a las que alude para sustentarlo comienzan a dar forma a lo que significaría, en un plano práctico, educar a una generación de cosmopolitas en el seno de la República Norteamericana.

Pero el ejemplo de mi padre me lleva también a mirar con cierta sospecha una de las posiciones de Martha Nussbaum, esto es, su declarada aversión por el patriotismo (el patriotismo de mi padre hacia Ghana, que yo, en cambio, defiendo), motivada por el hecho de que la nacionalidad, para citar sus palabras, es "una característica moralmente irrelevante". Más adelante, Nussbaum escribe que "admitiendo que un confín moralmente arbitrario, como es el de nación, juega un rol profundo y estructural en nuestras decisiones, nos privamos de cualquier motivación válida para inducir a los ciudadanos a ignorar también las otras barreras" más allá de todos "los confines étnicos, raciales, de clase y de género".

No puedo explicar por qué encuentro errada esta posición sin insistir en la distinción entre Estado y nación. Para el hombre moderno la confusión entre las dos cosas es perfectamente natural dado que –incluso después de Ruanda, Sri Lanka, la India, Bosnia y Azerbaidján– estamos dispuestos a identificar el Estado con la nación. Pero en el Iluminismo, la unión Estado-nación se efectuó con la intención de llevar los límites arbitrarios de los estados en conformidad con los límites "naturales" de las naciones. Pensándolo bien, la idea de que los límites del Estado pudieran ser arbitrarios mientras que los de las naciones no es bastante fácil de entender.

No es que yo quiera hacer mía esta manera de razonar esencialmente herderiana: las identidades nacionales no son entidades "naturales" que viven una vida independiente de los estados y la política. Una nación es una "comunidad imaginaria" de cultura y de estirpe que va más allá de la escala de lo inmediato y que aspira a una expresión política. Y por lo que yo sé, todas las naciones que no coinciden con los estados son herencia de antiguos órdenes estatales: eso vale también para Ashanti, en lo que se ha vuelto Ghana, y para la nación servia y croata en lo que alguna vez fue Yugoslavia.

Por el contrario, deseo subrayar la posibilidad de distinguir entre nación y Estado para expresar una posición totalmente opuesta a la de Herder, y esto es que si hay algo moralmente arbitrario no es el Estado, sino la nación. Desde el momento en que los seres humanos viven en órdenes políticos que están menos extendidos que la especie, y desde el momento en que es en el seno de esos órdenes políticos donde por lo general se discuten y resuelven las cuestiones de derecho e injusticia en el plano público, el hecho de ser conciudadanos, esto es, de pertenecer a un mismo orden, no es del todo moralmente arbitrario.

La nación, por el contrario, es arbitraria; pero no tanto como para poder anularla en nuestras reflexiones morales. Es arbitraria en el sentido etimológico del término: porque depende, para decirlo con las palabras del *Oxford English Dictionary*, "del querer o del placer". Para los hombres, la nación cuenta a menudo más que el Estado: la inexistente Serbia monoétnica tiene más sentido que la existente Bosnia multicultural; una Ruanda hutu (o tutsi) tiene más sentido que una convivencia pacífica entre tutsi y hutu en tanto conciudadanos de un mismo Estado; el hecho de ser franceses o británicos comenzó a ser importante para los ciudadanos solamente cuando Gran Bretaña y Francia se volvieron naciones más que estados. Pero aquí hay que decir que el motivo por el cual las naciones importan es que son importantes para los seres humanos. En otras palabras, las naciones importan moralmente, cuando importan, por el mismo motivo por el que importan el fútbol o la ópera: esto es, en tanto cosas deseadas por agentes autónomos cuyos deseos autónomos nos conviene reconocer y tener en consideración, aunque no siempre podamos acceder a ellos. Si los hombres tuviesen que renunciar a las formas más brutales de su acercamiento a las naciones –como lo induciría sin duda la educación cosmopolita propugnada por Nussbaum– la nación terminaría por importar menos.

Los estados, por el contrario, importan intrínsecamente: importan no porque la gente los quiera, sino porque regulan nuestra vida mediante formas de coerción que requieren siempre una justificación moral. Como Hobbes había comprendido bien, el Estado, para desarrollar su cometido, debe tener el monopolio de ciertas formas de coerción autorizada: y el ejercicio de esa autoridad cuenta incluso allí donde la gente no tiene el más mínimo sentido de qué es el Estado.

Entonces, los cosmopolitas no tienen ninguna necesidad de sostener que el Estado es moralmente arbitrario, en el sentido en que yo sostengo que la nación sí lo es. Hay muchos motivos para pensar que vivir en comunidades políticas menos extendidas que la especie es para nosotros más preferible que dejarse tragar por un único Estado-mundo, una cosmopolis de la que nosotros, cosmopolitas, seríamos ciudadanos no figurativos sino literales. Es justamente porque los seres humanos viven mejor su escala reducida que debemos defender no solamente el Estado sino el condado, la vida, la calle, la empresa, el oficio, la profesión, la familia, en tanto comunidad, en tanto círculos entre los múltiples círculos menos vastos del horizonte humano que con todo derecho constituyen esferas de interés moral. (Y en esto está de acuerdo también Nussbaum, cuando dice que "el estudiante de Estados Unidos, por ejemplo, podría seguir considerándose a sí mismo como definido en parte por sus amores particulares... también por su país".)

En síntesis, en tanto cosmopolitas, debemos defender el derecho de los otros a vivir en Estados democráticos de los que podamos ser ciudadanos patrióticos; y, en tanto cosmopolitas, podemos reivindicar el mismo derecho para nosotros mismos. La educación global de Martha Nussbaum no solamente nos volvería más atentos de lo que somos hacia los seres humanos que viven en otra parte, sino que nos daría también los conocimientos necesarios para hacer entrar en juego dicha atención, con respeto e inteligencia, en la reflexión sobre el modo en que el Estado –y las muchas comunidades, ya sean más restringidas que extendidas, de las que formamos parte– debe actuar en relación con los demás.

Primero la justicia

por Amy Gutmann

"Los sostenedores del nacionalismo en política y en el ámbito de la educación", escribe Martha Nussbaum, "generalmente hacen pobres concesiones al cosmopolitismo". Éstos, en efecto, sostienen que "si bien las naciones, en general, basan la educación y la deliberación política en valores *nacionales* comunes, el interés por los derechos humanos fundamentales debería formar parte de cualquier sistema de educación nacional...". Nussbaum me identifica con esta posición, que ella considera como "una observación válida acerca de la realidad práctica", pero no un ideal moral suficiente. Pero el nacionalismo del que habla no se corresponde con mi posición. Además, cosa todavía más importante, eso no refleja adecuadamente la realidad práctica ni expresa un ideal moral atractivo. La realidad práctica es mucho peor, y para hacer un ideal moral hace falta otra cosa.

La mayor parte de las naciones no nos enseña, y mucho menos practica, nada que se acerque a los derechos humanos fundamentales, que comprenden el derecho a la libertad de palabra y de culto; el derecho a un proceso justo según la ley y a una protección imparcial por medio de la misma; el derecho a ser representados de manera justa y paritaria en el seno de un sistema auténticamente democrático. Como lo indica esta lista, a pesar de ser incompleta, los derechos humanos fundamentales son tan vastos que su enseñanza no se puede definir como una *"pequeña concesión"* a quien sea. Si la mayoría de las naciones enseñase con eficacia los derechos humanos fundamentales, la realidad práctica sería incomparablemente mayor que la del mundo de hoy.

Lo mismo puede decirse en relación con fundar la educación y las decisiones políticas en valores nacionales comunes, cualesquiera sean. Esta concepción nacionalista es aberrante y encuentro por lo menos extraño que Nussbaum asocie mi defensa del humanismo democrático con ideas de ese tipo. ¿Cómo puede hacerlo? Define como nacionalista la idea de que un sistema de educación pública debe enseñar a los niños las artes y las virtudes típicas de los ciudadanos de una democracia dedicada a cultivar libertad y justicia para todos. Después de lo cual traduce esta idea en la defensa de la enseñanza de los valores nacionales, cualesquiera sean éstos. Pero una defensa similar sería claramente incompatible con el compromiso a favor de la enseñanza de los valores de la democracia humanística.

¿Cuáles son los valores de la democracia humanística? Ésta comprende los derechos humanos fundamentales, pero bajo aspectos moralmente relevantes también los sobrepasan. Todos los niños –independientemente de su pertenencia étnica, religiosa, sexual, de raza o de clase– serían educados para decidir juntos como ciudadanos libres e iguales en una democracia dedicada a cultivar la justicia social para todos los individuos, y no solamente para los que forman parte de su sociedad. ¿Los valores de la democracia humanística son "valores nacionales", como Nussbaum sugiere en su discurso crítico? Solamente en el sentido inocuo en que se recomienda que se enseñen en Estados Unidos y en cualquier otra sociedad en el marco del sistema general y público de educación. Pero en este sentido, también los valores cosmopolitas de Nussbaum son valores nacionales y pueden verse contaminados de manera desviada por el mismo morbo nacionalista. Dejando de lado las etiquetas, presumo que Nussbaum y yo coincidimos en considerar que hace falta enseñar a los niños el respeto por la dignidad de todos los individuos. Por otra parte, sería bueno darles los poderes que corresponden a todo individuo democrático. Ambas son condiciones necesarias (y compatibles) para una democracia justa. La creación de democracias justas, a su vez, es necesaria para realizar la justicia del mundo.

Éstas son también las visiones cosmopolitas de Kant, pero se trata de un cosmopolitismo que niega tajantemente la afirmación de Nussbaum, según la cual nuestra "deuda primaria de fidelidad está en relación con la comunidad de los seres humanos que pueblan el mundo entero". Sí, es verdad, tenemos el deber de respetar los derechos de los seres humanos de todo el mundo y las escuelas de todo el mundo deberían enseñar a los niños (sin adoctrinarlos) a valorar dicho deber. Pero de eso no resulta que nosotros somos "ciudadanos del mundo", ni que nuestra deuda primaria de fidelidad sea hacia la comunidad constituida por los seres humanos del mundo entero. Esta posición cosmopolita podría resultar atractiva si nuestra única alternativa fuese la de hacer acto de fidelidad primaria a Estados Unidos de América o a cualquier comunidad dotada de soberanía política. Pero tenemos otra alternativa, aunque Nussbaum la omite (o no le reconoce una posición amparada por el humanismo democrático): rechazar la idea de que nuestra deuda primaria de fidelidad sea hacia una comunidad realmente existente y reconocer la importancia moral de tener todos los poderes de ciudadanos libres e iguales de una comunidad política auténticamente democrática.

¿Por qué no dar poder a los individuos en tanto ciudadanos del mundo entero? Sólo podemos ser verdaderos ciudadanos del mundo si existe una colectividad política mundial. Por lo que sabemos actualmente, una colectividad política mundial podría existir solamente bajo la forma de tiranía. No obstante eso, necesitamos ser ciudadanos de alguna colectividad política para ser libres e iguales, y por eso necesitamos ser educados en esas virtudes (tanto particulares como individuales), en esas convicciones y en esos valores que nos garantizan una plena participación y una igual dignidad en la colectividad política a la que pertenecemos. El hecho de ser dotados de poder en tanto ciudadanos libres e iguales de una colectividad política cualquiera debería ser una oportunidad abierta a todos los individuos. Ser ciudadanos democráticos constituye una exigencia esencial de justicia en el mundo tal como lo conocemos y tal como la reconocen los individuos de todo el mundo.

Ahora bien, este poner el acento en el hecho de ser ciudadanos de una democracia ¿implica tal vez que en nuestra sociedad los estudiantes deben por eso "aprender que son, antes que nada, ciudadanos de Estados Unidos" (otra posición aberrante que Nussbaum parece atribuirme)? Una enseñanza como ésa, lejos de ser un estándar suficiente para una educación humanista democrática, es claramente antitética respecto de ella. Una cosa es decir que las escuelas financiadas por el Estado deben enseñar a los estudiantes los derechos y las responsabilidades de los ciudadanos de una democracia (cosa que Nussbaum nunca reconoce claramente), y otra es decir que deben enseñarles que son "antes que nada ciudadanos de Estados Unidos". Nuestra deuda primaria de fidelidad no es con una comunidad específica, que está constituida por los seres humanos que habitan nuestro mundo de hoy o por la sociedad actual. Nuestra deuda primaria de fidelidad es con la justicia, haciendo lo que es justo. Hacer lo que es justo no se puede reducir a la fidelidad a, o a la identificación con, cualquier grupo existente de seres humanos. La moralidad se extiende también más allá de la generación actual, por ejemplo, imponiéndonos tener en cuenta el bienestar de las generaciones futuras.

La democracia necesita patriotismo

por Charles Taylor

Concuerdo en gran parte con lo afirmado por Martha Nussbaum en su artículo bien argumentado y conmovedor, pero quisiera hacer una advertencia. A veces, Nussbaum parece proponer la identidad cosmopolita como una alternativa al patriotismo. Si es así, creo que es un error. Porque, en el mundo moderno, no podemos dejar de lado nuestro patriotismo.

Esta necesidad se puede ver desde distintos ángulos. El más importante es éste: las sociedades que nos esforzamos por crear –libres, democráticas, dispuestas en alguna medida a una distribución ecuánime de los recursos– requieren una fuerte identificación por parte de sus ciudadanos. En la tradición del humanismo cívico siempre se ha observado que las sociedades libres, que confían –como es necesario– en la acción espontánea de apoyo de sus componentes, necesitan ese fuerte sentido de fidelidad que Montesquieu llamaba *vertu*. Esto, en todo caso, es todavía más verdadero para las modernas democracias representativas, incluso si éstas integran "la libertad de los modernos" con los valores de la libertad política. Mejor aún, la necesidad es todavía más fuerte justamente porque éstas son también sociedades liberales donde se aprecian mucho la libertad negativa y los derechos individuales. Una democracia de los ciudadanos sólo puede funcionar si la mayoría de sus componentes está convencida de que su sociedad política es una empresa común de notable valor y considera de vital importancia participar de los modos que son necesarios para mantenerla en función en tanto democracia.

Esto significa no solamente una sumisión al proyecto común, sino también el sentido de un vínculo especial entre personas que trabajan juntas en este proyecto. Quizás éste es el punto en el que la mayor parte de las democracias contemporáneas corre el riesgo de romperse. Una democracia de los ciudadanos es altamente vulnerable a la alienación que brota de la presencia de profundas desigualdades y al sentido de abandono y de indiferencia que surgen fácilmente entre las minorías abandonadas a sí mismas. He aquí por qué las sociedades democráticas no pueden ser demasiado antiigualitarias. Pero eso significa que deben ser capaces de hacer elecciones políticas que tengan efectos redistributivos (y en alguna medida también intenciones redistributivas). Y esas elecciones políticas requieren un alto grado de decisión recíproca. Ahora, si en tanto extranjero me permiten decir lo que pienso, me parece que la indicación proveniente de la difundida oposición suscitada en Estados Unidos por la propuesta –por otra parte modestísima– de crear un sistema sanitario público es que los norteamericanos de hoy no sufren de un exceso de decisión recíproca.

En poco tiempo, el motivo por el que no sólo necesitamos cosmopolitismo, sino también patriotismo, es que los Estados democráticos modernos son empresas colectivas de autogobierno extremadamente exigentes. Éstas piden mucho a sus componentes; pretenden una solidaridad mucho mayor en relación con los compatriotas que en relación con la humanidad en general. No podemos llevar a cabo empresas florecientes sin una fuerte identificación común. Y dadas las alternativas a la democracia que existen en nuestro mundo, una derrota nuestra en dicho intento no sería por cierto de interés para la humanidad.

Podemos, además, ver los hechos desde otro punto de vista. Ya que los Estados modernos en general, y no solamente los democráticos, se han separado de los tradicionales modelos jerárquicos, éstos requieren un alto grado de movilización de sus miembros. La movilización se verifica en torno de identidades comunes. En la mayoría de los casos, no se trata de saber si la gente responderá o no al llamado en torno de una identidad común –en vez de, por ejemplo, ser reclutables solamente por causas universales– sino de con cuál de entre dos o tres posibles identidades conquistará la fidelidad. Algunas de estas identidades serán más vastas que otras, algunas serán más abiertas y receptoras en relación con las solidaridades cosmopolitas. A menudo es entre éstas que hace falta combatir la batalla por el cosmopolitismo civilizado y no en un imposible (y autolesionante, si bien coronado por el éxito) intento de apartar a todas estas identidades patrióticas.

Tomemos, como propone Martha Nussbaum, el ejemplo de la India. La actual propensión del Bharat Janatha Party a abrazar el chauvinismo hindú se presenta como una definición de la identidad nacional hindú alternativa a la definición laica dada por Nehru y Gandhi. Pero, ¿qué podría derrotar a este chauvinismo si no una reinvención cualquiera de la India en tanto república laica con la que la gente pueda identificarse? Tiemblo al pensar en las consecuencias que se obtendrían si la decisión en mérito a la identidad hindú fuese dejada en bloque en manos de los que han perpetrado la masacre de Ayodhya.

En conclusión, estoy diciendo que no tenemos otra elección que ser cosmopolitas y patriotas; lo que significa combatir por un patriotismo abierto a la solidaridad universal y contra otros patriotismos más cerrados. En este punto no me parece estar realmente en desacuerdo con Nussbaum: a lo sumo, he puesto en un contexto un poco diferente sus instancias profundas y apasionadas. Pero se trata, me parece, de un matiz importante.

Hay también
un cosmopolitismo
peligroso

por Michael Walzer

Siento que comparto algunos de los argumentos
adoptados por Martha Nussbaum a favor de una
"educación cosmopolita": son específicos y sensa-
tos. Me convence menos, en cambio, la idea del
mundo dominante que sustenta esos argumentos; quizá porque no soy el ciudadano del mundo que Nussbaum quisiera. Ni siquiera sabía que
existiese un mundo del cual uno pudiera ser ciudadano. Nadie me ofreció nunca esa ciudadanía,
ni me describió los procedimientos de naturaliza-
ción, ni me ha incluido en las estructuras institu-
cionales del mundo, ni me ha descrito sus procedimientos decisionistas (que espero que sean democráticos), ni me ha dado una lista de los derechos y los deberes que competen a sus ciudadanos, ni me ha mostrado el calendario del mundo,
con las festividades comunes y las conmemoraciones de sus ciudadanos. En relación con esto
soy de una ignorancia integral; y aunque una

educación cosmopolita sería algo óptimo, no me parece, por las afirmaciones de Nussbaum, que pudiera enseñarme cosas que cualquier ciudadano del mundo debería saber. Sé, en cambio, que me enseñaría cosas que los ciudadanos norteamericanos deben saber: ¿por qué no debería bastar? ¿No puedo ser un norteamericano cosmopolita además de todas las cosas que ya soy? Más allá de los límites de este país o de cualquier otro, tengo obligaciones, supongamos, en relación con los otros judíos, o bien en relación con los socialistas democráticos de todo el mundo, o también en relación con las personas en dificultades que se encuentran en países lejanos. Pero éstos no son deberes de ciudadanía.

Más útil que la idea de ciudadanía del mundo propuesta por Nussbaum resulta su imagen de los círculos concéntricos, justamente porque permite comprender cuán extravagante resulta sostener que mi débito *primario* de fidelidad está, o debería estar, en relación con el círculo más externo. Mi fidelidad, así como mis relaciones, comienza por el centro. Por consiguiente, debemos describir las mediaciones a través de las cuales se alcanzan los círculos más externos, atravesando los otros sin dejar de reconocer su valor. No se trata por cierto de una tarea fácil; requiere una explicación concreta, comprensiva, comprometida, pero no en sentido absoluto, de los círculos más externos; y después requiere el esfuerzo no tanto de introducir el círculo más externo sino de abrir los más internos hacia el externo. Quisiera leer así la frase de Plutarco citada por Nussbaum en la apertura: "Debemos considerar a todos los seres humanos como nuestros conciudadanos y nuestros vecinos", vale decir, comenzamos a comprender qué significa tener conciudadanos y vecinos; si no comprendemos esto estamos moralmente perdidos. Después de lo cual extendemos el sentido de comunidad y de vecindad moral a nuevos grupos de personas y por último a todos los seres humanos. El cosmopolitismo de Nussbaum funciona por analogía: "considerar a tal y a tal otro como a tal y tal otra cosa...". Está fuera de duda que las obligaciones y los deberes se reeducan a medida que se extienden; pero también esta extensión está dotada de valor, y éste, creo, es el valor de una "educación cosmopolita".

Sospecho que Nussbaum quiere algo más y estoy un poco sorprendido por la solidez de sus convicciones cosmopolitas. Se apresura a atisbar las posibilidades chauvinistas del patriotismo de Richard Rorty y protesta porque este último no propone nada útil para afrontar este "peligro evidente". Pero entonces, ¿los lectores de su artículo no deberían protestar a su vez porque ella no propone nada útil para afrontar el peligro evidente del cosmopolitismo? Es como decir que los grandes crímenes del siglo XX fueron cometidos alternativamente por patriotas pervertidos y por cosmopolitas pervertidos. Si el fascismo representa la primera de estas perversiones, el comunismo, en su versión leninista y maoísta, representa la segunda. ¿Este comunismo represivo no es quizás hijo del universalismo iluminista? ¿No es cierto tal vez que eso enseña una ética antinacionalista, prescribiéndonos, justamente como hace Nussbaum, a quién tributar nuestra fidelidad primaria? (En cuanto a la limitación de clase –"*trabajadores* de todo el mundo"– se pensó que era temporaria e instrumental.) Un particularismo que excluye la fidelidad más grande provoca comportamientos inmorales; pero lo mismo puede decirse del cosmopolitismo que se apea de las fidelidades a más corto plazo. Ambos son peligrosos. La cuestión, entonces, tiene que ser expuesta en otros términos.

Descender de la cosmopolis

por Gian Enrico Rusconi

El instructivo debate propuesto por la *Boston Review* "Patriotism or Cosmopolitanism?" no es inmediatamente traducible en los términos de un posible debate italiano análogo. Si queremos evitar la importación de paradigmas y argumentos que sólo en parte nos pertenecen debemos tratar de reformularlos teniendo en cuenta nuestro contexto histórico, cultural y político.

Ninguna otra temática como la aquí enunciada está signada tan profundamente por especificidades de tipo nacional. No se es y no se puede ser "cosmopolita kantiano" o "patriota constitucional" del mismo modo en Boston o en Turín, en Berlín o en Varsovia. Lo que cuenta, en realidad, no son las afirmaciones de principio –mucho menos su contraposición que, como resulta de cualquier confrontación conducida con seriedad, no tiene razón de ser– sino su conjugación concreta en una situación política históricamente determinada. En el caso italiano, entre la "nación" y el "mundo" existe –como ya veremos– ese término intermedio decisivo que es Europa.

Hay otra observación que hacer. Un debate sobre la identidad nacional y sobre el patriotismo tiene hoy no menos sentido en Estados Unidos que en Europa y en Italia, sólo que nos pone en la óptica de una democracia adquirida en línea de principio y de hecho. Hablamos, entonces, de una nación-de-ciudadanos en sentido pleno. No es justo, por lo tanto, insinuar que el interés por el tema nacional lleva *a priori* a un plano inclinado no-democrático.

Esta advertencia está dirigida sobre todo a los "cosmopolitas" que de buen grado denuncian los peligros involutivos para la democracia que están latentes en toda forma de patriotismo. Bien recibida sea su advertencia, aunque venga acompañada del esfuerzo igualmente honesto de no equiparar el patriotismo con el nacionalismo *tout court*. Recuerden los cosmopolitas y los "universalistas kantianos" la autonomía conceptual y de valor del estatus de los ciudadanos de una democracia (y, por lo tanto, en perspectiva, de los "ciudadanos del mundo") respecto de cualquier otra pertenencia, comprendida la nacional. Pero el punto crucial no reside en la disyunción conceptual entre democracia y nación (que nadie niega) sino en lo que significa esta disyunción para el desplegarse concreto de una ciudadanía democrática, para el funcionamiento de una democracia.

Para que una democracia funcione, necesita lealtad política y solidaridad cívica. Estas virtudes en el corazón y en la cabeza de los ciudadanos comunes (de la "gente") no descienden de manera abstracta de principios universales, sino que son adquiridas en el curso de una vivencia histórica y dentro de una comunidad a la que pertenecen y en la que se reconocen. En las grandes democracias occidentales esta comunidad política de pertenencia, que hace de vehículo y de contenedor histórico de los valores democráticos, fue y es la nación. Solamente una democracia que funciona a partir de sus raíces históricas se proyecta más allá de sus límites y sus valores universalistas.

En Estados Unidos de América el círculo virtuoso entre sentido de pertenencia nacional y universalismo parece encontrar su máxima expresión. "El sentido civil de pertenencia nacional en Norteamérica es una celebración del universalismo, un profundo respeto por los valores de alcance universalista" –nos recuerda, con cierto énfasis, Benjamin R. Barber. Le hace eco el historiador de la cultura Leo Marx: "Esta nación originariamente, y todavía hoy, estaba consagrada al sentido iluminista del cosmopolitismo". Pero también Martha Nussbaum, que abre y provoca el debate vistiéndose de "cosmopolita" ("cuya primera obligación es la asumida hacia la comunidad de los seres humanos del mundo entero"), no niega dicha prerrogativa a la nación norteamericana ("tenemos una idea del patriotismo indisolublemente ligada al cosmopolitismo"). Simplemente lamenta que Norteamérica esté dejando de ejercerla de la manera en que debería ("Nuestra nación tiene un escaso conocimiento de gran parte del resto del mundo. Pienso que eso significa también un escaso conocimiento de sí misma".)

El cosmopolitismo, del que hablan con palabras diferentes los autores norteamericanos, no encuentra un inmediato reflejo en un análogo eventual debate italiano. Con nuestros hipotéticos cosmopolitas faltaría completamente la mediación de la nación, que a pesar de todo está implícita en casi todas las intervenciones de la *Boston Review*.

En Italia el cosmopolitismo se entendería simple y sustancialmente como antinación. De este modo se pierde el nexo que existe entre orientación universalista y pertenencia nacional –no solamente en los modos en que la nación se relaciona hacia afuera con las otras naciones (en la utópica proyección de una democracia internacional), sino en los modos en que ésta corrige (o combate), en su propio interior, a través del vínculo identificatorio de la pertenencia común, el particularismo y el sectarismo etnocultural y social. Es la misma sustancia democrática la que permite la integración cívica en nombre de la nación, dentro y fuera de ella, el "cosmopolitismo" como deber de la nación democrática.

En la cultura política italiana, en cambio, la orientación hacia los valores democráticos suele estar escindida de cualquier referencia a la identidad nacional. Gran parte de los grupos intelectuales y políticos italianos –en la izquierda, sobre todo– juzga inútil, e incluso dañina, la conexión entre democracia y nación. Considera irrelevante el lazo entre el funcionamiento de las reglas sociales y políticas y los procesos identificatorios referidos a la comunidad histórica llamada nación.

Considero que esta posición tiene que ser revisada. Entiendo que plantear hoy la cuestión de la nación y del patriotismo en Italia significa interrogarnos acerca de la calidad de la integración cívica que en una democracia vital mantiene unidos a los ciudadanos más allá de la funcionalidad y disfuncionalidad de los intereses satisfechos o por satisfacer. La cuestión se plantea con urgencia cuando un sistema político no consigue darse reglas generales de comportamiento, activando así procesos de indiferencia y desintegración. Para combatirlos no basta con reforzar la superioridad de los valores universales y generales respecto de los valores particulares y locales. Esto vale para Italia, donde se ha rozado el nivel de peligro con la puesta en discusión de la unidad del Estado-nación por parte de millones de ciudadanos que han seguido al *leghismo* –no importa cuan confusa o instrumentalmente tengan en cuenta otros objetivos políticos–.
Sin dejarnos distraer por el agitado asunto del *leghismo*, conviene no olvidar que la cuestión nacional fue puesta bruscamente a la orden del día en Italia por la manera radical con que la *Lega*, en

69

su faz agresiva, invitaba a salir de la crisis política y de autoridad sin precedentes del sistema democrático a través de una reestructuración "federalista" con matices fuertemente disgregadores de la forma nacional unitaria.

Al comienzo, sobre la base de algunos de sus matices populistas, se trató de combatir el *leghismo*, sobre todo en la izquierda, como si fuese un movimiento antidemocrático, sin comprender su originaria fuerza de atracción popular y la plausibilidad de su propuesta "etnodemocrática" –que tiende al mantenimiento de la estructura democrática, incluso con algún matiz radical de democracia directa, pero dentro de los límites geoculturales o "étnicos", arbitraria y polémicamente diseñados respecto de la nación histórica. También confusamente, el *leghismo* de los orígenes llevaba a la disyunción entre democracia y nación histórica italiana a consecuencias prácticas extremas.

Es verosímil que la *Lega Lombarda*, al no disponer de recursos culturales y políticos a la altura de un auténtico proyecto federalista, haya jugado irresponsablemente con el fuego separatista y localista, salvo para dar marcha atrás por razones políticas más generales que aquí podemos obviar. Pero no se puede negar que sus provocaciones recogieron como contragolpe cierta pasiva autorrepresentación tradicional de la nación italiana y su nexo con la democracia.

Y bien, si tenemos presente esta perspectiva, ¿qué hay de peligroso para la democracia en el preguntarse si para exorcizar la disgregación, de la que el *leghismo* fue solamente un síntoma, no puede activarse también un sentido de pertenencia nacional? Obviamente no con la alternativa de improbables reformas políticas y administrativas (a lo mejor en forma federal) sino como remotivación ideal. ¿Por qué el llamado a lo que nos ha hecho históricamente una "nación", con todas sus contradicciones, y la referencia a cuanto podría permitirnos continuar siéndolo, debería ser una operación democráticamente regresiva?

¿Por qué un patriotismo definido como vínculo entre ciudadanos que se reconocen positivamente en una historia común, que culmina en una nación democrática, no podría volverse una virtud cívica? ¿Especialmente cuando este reconocimiento coincide con la aceptación del resultado político más importante de esta historia: la Constitución? Es solamente frente a estos interrogantes que en Italia adquiere sentido el debate sobre la nación, el patriotismo y su definición.

Si a la luz de estas consideraciones volvemos a la discusión norteamericana, aparecen como más significativos dos de sus presupuestos: a) los norteamericanos son y se sienten "nación" o, mejor, una gran nación; la nación no es para ellos y para su clase intelectual un concepto o una referencia obsoleta; b) el fuerte sentido de pertenencia nacional norteamericana se afirma en la Constitución; ésta se torna un factor muy potente de identificación colectiva general, sin que se borren

71

otras pertenencias calificadas (étnicas, religiosas, regionales).

Estos dos presupuestos son el principal soporte de las argumentaciones de los partidarios del "patriotismo" norteamericano en sus variantes iluminadas y críticas. Pero, como ya vimos, éstos no son negados por el *plaidoyer* de Martha Nussbaum a favor del "cosmopolitismo", que además atenúa el contraste de principio entre cosmopolitismo y patriotismo.

Viéndolo debidamente, ambas posiciones del debate norteamericano están expuestas al mismo peligro –el etnocentrismo– que asume dos caras opuestas, pero especulares. El cosmopolitismo corre el riesgo de caer en un sutil imperialismo cultural occidentalista; el patriotismo es un banal y acrítico norteamericanismo.

El verdadero problema consiste entonces en encontrar la mejor estrategia comunicativa para combatir el etnocentrismo en todas sus formas: desde los particularismos sociales y etnoculturales hostiles a la comunidad nacional, a la absolutización de los intereses de una nación o de una cultura respecto de otras o de las de la humanidad. El desafío consiste en la aprobación de los valores que están presentes tanto en el concepto de patriotismo como en el de cosmopolitismo, cuando no están artificialmente contrapuestos, aunque críticamente integrados (como hacen muchos autores del debate bostoniano, entre los que se encuentra persuasivamente Charles Taylor).

A pesar de su plausibilidad, estos argumentos no parecen contribuir a resolver directamente el tipo de problemas que caracterizan a nuestro país. Las razones son dos. Entre el patriotismo y el cosmopolitismo, especialmente, en los términos formulados más arriba, hay para nosotros un término medio, por decirlo así, muy concreto y comprometedor, que se llama Europa. La cuestión nacional se mide política y culturalmente con la construcción de esa entidad históricamente singular que es la Unión Europea proyectada hacia más ambiciosos procesos de integración. Por esto, quizá, para nosotros, los interrogantes asumen de buen grado formulaciones radicales. Se nos pregunta "¿qué es una nación?", "si somos todavía una nación", "si alguna vez lo fuimos", etcétera.

Comencemos por aquí. Incluso si se trata se requerimientos legítimos, que merecen una respuesta, a menudo se tiene la impresión de que su radicalismo elude los puntos que de verdad interesan.

¿Por qué nunca el problema de la integración y de la solidaridad cívica en una democracia, en los términos mencionados más arriba, debe depender de una definición terminante y convincente de nación –como si no supiéramos por la inmensa literatura tradicional existente sobre el tema que una pretensión semejante no puede ser satisfecha? ¿A lo mejor los países europeos con un sentido de identidad nacional mayor que el nuestro –Francia, Gran Bretaña, Alemania, que poseen democracias consolidadas y eficientes–

gozan también de una consolidada (auto)definición de nación?

Aceptar un margen de indeterminación en el concepto de nación en el que se combinan indicadores llamados objetivos (idioma, territorio, costumbres, comunidad de algunos datos antropológicos) e indicadores llamados subjetivos (el reconocimiento de una historia común que produce una común identidad y, sobre todo, la voluntad de constituirse y mantenerse en comunidad política), aceptar un margen de arbitrariedad de y en estos indicadores no significa exponer la idea de nación a la inconsistencia y por lo tanto a la mistificación.

Un autor clásico particularmente riguroso con las definiciones, Max Weber, admitía muy serenamente en una época de grandes certezas compartidas sobre la nación que "el significado de nación no es absolutamente unívoco". Esto no le impidió asumirlo en su elaboración científica y política, individualizando en la nación un conjunto de indicadores que adquiere su sentido definitivo en la institución del Estado nacional y en su lógica de potencia. Para Weber, entonces, la nación o se vuelve Estado-nación de potencia o no existe. Es una definición imprescindible por el contexto histórico y por los valores de referencia en los que fue formulada y hecha propia por el estudioso liberal-nacional alemán.

¿Esto quiere decir que con la declinación del Estado-nación y con los efectos destructivos de su lógica de potencia se desvanece la nación misma? ¿Esto quiere decir que con la progresiva pérdida de autonomía y soberanía del Estado nacional en la construcción transnacional europea desaparece la nación en cuanto tal?

Nada de eso. Quien sostiene esta tesis absolutiza la forma histórica y hace del nacionalismo (comprendidas sus formas extremas y criminales), que caracterizó a esa época, el éxito inevitable de cualquier forma de "amor por la propia patria" o patriotismo. No consigue ver ninguna forma o función innovadoras de la identidad nacional.

Por consiguiente, aquellos que sostienen estas posiciones –muy difundidas en la izquierda– creen que encuentran una confirmación en el resurgir de los nacionalismos en Europa oriental. Se les escapa completamente la función emancipadora que el sentimiento nacional ha tenido en los países euroorientales en el liberarse y provocar el derrumbe del sistema soviético. Más aún: un autor liberal fuera de toda sospecha, Ralf Dahrendorf, ve en el nacimiento del Estado nacional en los países de Europa oriental la premisa y el instrumento más apto para su inserción en la Comunidad Europea. Es una constatación contraintuitiva que se le escapa a quien está fijado en los viejos modelos estatales-nacionalistas, ignora la presencia de componentes patrióticos en las grandes democracias occidentales y, sobre todo, evita la hipótesis de una recuperación crítica en el sentido de pertenencia nacional en clave cívico-democrática para construir una nación-de-ciudadanos.

En Italia hay todavía algunos aspectos de esta sordera que merecen una reflexión suplementaria. Para empezar, la rigidez conceptual con la que se afronta la problemática de la nación democrática da hoy por descontado un amplio abandono de este tema por parte de los estudiosos e intelectuales italianos. Las razones son muchas, incluso si en definitiva casi todas conducen a la toma de distancia crítica del universo cultural del fascismo.

El rechazo póstumo del nacional-fascismo y el desinterés por el tema nacional se ven acompañados por la convicción –que se ha vuelto lugar común con efecto de autoconfirmación– de que los italianos, en comparación con otros pueblos europeos, tienen de todas formas una débil identidad nacional.

Si los filósofos políticos y los historiadores abandonaron (salvo poquísimas excepciones) el tema de la nación por considerarlo obsoleto y nocivo para la cultura política democrática, los sociólogos y politólogos que se han ocupado del análisis de los mecanismos de intregración sociopolítica del sistema italiano y de sus (sub)culturas dieron por descontado que la referencia a la nación es para los italianos un residuo histórico, carente de importancia, incapaz de una identificación significativa. Los mismos científicos políticos y sociales no consideran este hecho un defecto o un límite; por el contrario, consideran el débil sentido de pertenencia nacional como un factor positivo de la sociedad italiana que, de este modo, estaría aislada por tendencias etnocéntricas, xenófobas y nacionalistas. En compensación, ensayistas y literatos cultivan con éxito el género literario de los "caracteres originales" e inmutables de los italianos analizados con agudeza y autoironía. Traducido en periodismo este género se vuelve la apoteosis narcisista y automaltratada de la italianidad. El círculo está cerrado por el ensayo de un autorizado historiador que confirma que Italia fue siempre y sigue siendo un "país" y no una "nación".

En realidad, justamente en esta coyuntura, entre fines de los años ochenta y principios de los noventa, fuera de la cultura dominante sucede algo imprevisto, de lo que el *leghismo* es un síntoma paradójico. Entre la irrespetuosa incredulidad de muchos intelectuales, el famoso italiano medio no solamente se plantea preguntas sobre su propia identidad nacional sino que revela un ingenuo deseo de "pertenecer" a algo –a una "nación" reencontrada o su regional sucedáneo. Pero, privado de medios culturales y conceptuales adecuados y fácilmente manipulado con los instrumentos demoscópicos, se limita a mandar señales de la presencia de un problema real despreciado por la cultura "alta".

Finalmente, en este sentido, la individualidad italiana se mueve, pero inicialmente no puede vivir de los réditos de los viejos paradigmas. Se torna evidente –sobre todo en la izquierda– que la temática de la nación no consigue emanciparse ni conceptual ni emotivamente del tratamiento sufrido durante la estación del nacionalismo que en Italia coincidió y culminó con el fascismo. Y por lo tanto con las posiciones de signo opuesto, las del antinacionalismo propias del antifascismo.

La reflexión sobre el fascismo histórico se vuelve así un pasaje obligado también para la revisión del tema nación. De por sí no se trata de un *handicap*. Reconocer la centralidad de la temática de la nación para una larga fase histórica de la cultura y subcultura política italiana es una manera importante de contribuir críticamente a la revisión del mismo fascismo, sobre todo en lo que atañe a los motivos y a los mecanismos del consenso del que ha gozado. Se intuye así que también en aquel período existieron culturalmente muchas Italias, mantenidas juntas por los comportamientos autoritarios del régimen, así como por su capacidad de interpretar y manipular una fuerte identificación nacional que tenía origen en otras fuentes más profundas. De aquí el efecto devastador de la crisis de autoridad nacional y estatal del 8 de septiembre de 1943, los caracteres de "guerra civil" que siguieron y la genuina dimensión patriótica de gran parte de la Resistencia.

Pero la historiografía de izquierda ha banalizado o minimizado más allá de cualquier medida la dimensión patriótica de la Resistencia persiguiendo exclusivamente el mito de la Resistencia como revolución social fracasada. Cambiando el pudor patriótico de muchos resistentes por indiferencia, o por el hecho de que la "nación" en tanto tal no fuese tema del enfrentamiento político, o viceversa, tomando el carácter meramente instrumental del llamado "nacional" del movimiento comunista, la historiografía de izquierda ha impedido indirectamente que se formase una madura conciencia nacional democrática en la posguerra y que ésta encontrase su referente histórico justamente en la lucha de liberación nacional que lleva al nacimiento de la República. La perspectiva de la renovación democrática se relacionó de inmediato con contenidos sociales (y con modelos ideológicos presentados como universalistas) borrando por irrelevante cualquier otro vínculo nacional.

Entre 1943 y 1945 se enfrentan en Italia dos ideas de patria y nación: la nacional-fascista, que no tiene otras motivaciones que el llamado fideísta al honor, en despecho de la catástrofe provocada por una patria interpretada de manera fascista, y la idea de una nueva nación orientada hacia un nuevo sentimiento cívico, democrático y europeo. De aquí el carácter de "guerra civil" que asume la lucha de la Resistencia porque define con las armas y con la sangre los criterios de una nueva identidad política nacional.

Pero hay más: si la democracia italiana se sostiene en sus primeras pruebas evitando una virtual guerra civil de signo diferente de la que apenas ha concluido (no hay más fascistas-antifascistas, sino comunistas-anticomunistas) se debe también a la lealtad de hombres que en la Resistencia, aun teniendo pasiones y concepciones distintas del nuevo orden democrático, se encuentran en una comunidad de historia, de cultura y de destino. Se reconocen en una nación que es capaz de moderar las tensiones en el momento mismo en que están volviendo a diseñar las nuevas reglas de la política.

En otras palabras, los fundadores de la República están guiados por un auténtico patriotismo constitucional, entendido no de una manera antagonista o sustitutiva del tradicional sentimiento nacional, sino como su cumplimiento en una democracia madura.

Patriotismo constitucional es una expresión que no se vuelve a encontrar literalmente en el lenguaje de los resistentes o de los constituyentes, pero que interpreta perfectamente su espíritu. Esto permite alinear virtualmente la experiencia italiana y la de otras naciones democráticas que, con itinerarios distintos y con estrategias culturales distintas, abordan el mismo concepto.

Antes de volver sobre este punto hay que considerar otra cosa. Plantear la problemática de la nación en los términos de un vínculo de ciudadanía motivado por el reconocimiento de una historia común significa comprometer profundamente en esta empresa a la historiografía y al "relato público" de la historia. Esto vale sobre todo para las naciones europeas cuya formación, desarrollo y dificultades de identidad tienen escansiones históricas más calificadas que las de la nación norteamericana. Como se ve en el debate de la *Boston Review*, los norteamericanos de hoy no tienen ningún problema en trazar una línea ideal directa con la misma Carta constitucional de fines del siglo XVIII.

Completamente distinta es nuestra situación, que exige una continua reconstrucción crítica de los impulsos y de las fracturas en el proceso que nos ha hecho nación y, por lo tanto, democracia.

Pero frente a la "pregunta de la historia" a la que confiar la tarea de recrear un nuevo sentido de identidad nacional, muchos historiadores italianos se oponen (aunque se sientan seducidos). Expliquémonos mejor: no se trata de pedir a los historiadores que trabajen de "mitopoéticos", de "bomberos" de la nación, alineándose o reinventando tradiciones nacionales/nacionalistas democráticamente dudosas. El oficio de los historiadores es, sobre todo, explicarnos cuán laboriosamente Italia se volvió una nación en sentido político: las contradicciones del proceso unitario, los sucesivos e infructuosos intentos de "ser ciudadanos italianos", las grandes fracturas sociales y culturales que han alineado largos estratos populares dolorosa y traumáticamente recuperados en el gran acontecimiento nacional de la Gran Guerra, las tensiones que siguieron a ello, el uso y el abuso de la nueva conciencia nacional por parte del fascismo, etc., etcétera.

Todo esto la historiografía italiana nos lo explica perfectamente. Comienza a balbucear cuando trata de explicar por qué con la reconquista de la democracia y la puesta en marcha de los procesos de modernización de la segunda posguerra, la "república de los partidos" con su lanzamiento económico, su lógica divisoria y sus lazos asociativos se haya ilusionado en volver superfluo el llamado a la calidad del vínculo entre los ciudadanos en una nación democrática. Los historiadores contemporáneos balbucean porque ellos mismos han perdido la sensibilidad por este problema y los instrumentos para encenderlo (salvo, obviamente, excepciones, entre las que quiero señalar a Silvio Lanaro). En esta situación no se entienden los tonos afligidos y los llamados de atención frente a la disgregación cultural y de identidad de la nación, por cuya edificación los historiadores no han ofrecido instrumentos culturales adecuados. No pueden llorar sobre la nación italiana si siguen repitiendo que nunca existió, que todo fue un equívoco, un producto manipulado de elite, etc., etcétera.

Historia y memoria común (permítaseme usar estos términos, a pesar del abuso al que están sujetos) son partes integrantes del reconocerse nación –un reconocerse solidario que no ignora los costos y los conflictos que ha provocado y provoca. Una de las lagunas más graves de la cultura italiana de hoy es justamente la incapacidad de relatar la historia nacional de manera convincente, de modo tal que pueda crear identificación, a pesar de sus inmensas contradicciones. La historia común en Italia no se volvió un elemento constante e insustituible del discurso público democrático.

Con estas consideraciones, y en particular trazando el modelo de la nación-de-los-ciudadanos, sé que me expongo a la objeción de ser simplemente "prescriptivo" (como me recrimina amigablemente Ernesto Galli de la *Loggia*, un historiador que con gran mirada crítica afronta esta misma problemática). Es verdad, pero estas cosas hace falta decirlas.

Tocamos sucintamente la cuestión de Europa. Se oye decir en muchos lados que el resurgimiento del sentimiento nacional en distintos estados miembros de la Unión Europea (Alemania, Francia, Gran Bretaña) es un síntoma (o incluso una causa) de una "re-nacionalización" de Europa. La expresión es exagerada tanto en la forma como en su esencia, pero es el contragolpe de mucha, demasiada retórica europeísta del pasado reciente. Es el contragolpe de expectativas excesivas y de algún autoengaño: por ejemplo, el haber hecho de Europa una *Ersatzidentität*, una identidad sustituta y sucedánea de aquella otra, nacional, como ha sido el caso de Alemania occidental (y en parte también de Italia).

En realidad la Comunidad Europea es una de las más extraordinarias empresas históricas, si se piensa cuánto trabajo solidario han llevado a cabo en medio siglo estados que en medio milenio nacieron, crecieron y se desarrollaron en un antagonismo político y cultural a menudo mortal.

Las razones económicas, financieras y políticas que hoy frenan la construcción político-institucional de la Unión Europea hasta el estadio alcanzado o trazado en el Tratado de Maastricht son muchas y muy serias. Los diseños son legítimos y no están necesariamente dictados por el egoísmo nacional de retorno de uno u otro *partner*. En realidad, en ningún caso se volverá atrás: no hay alternativas a la gradual construcción de una Europa políticamente unida. Me atrevo a decir que ya se ha superado felizmente el punto de no retorno: los estados nacionales tradicionales, que los cosmopolitas y los federalistas fundamentalistas consideran el mal por excelencia, ya no plantean sus clásicas competencias y autonomías de decisión: no pueden hacerlo.

La Europa que los ha inventado y ahora los está desmantelando encontrará por cierto una forma original para el nuevo sistema político que se está configurando, que no será ni una variante de Estados Unidos de América ni una ingeniosa reedición de los modelos "imperiales" aparecidos más de una vez en su historia milenaria. Más no podemos decir.

Al mismo tiempo, esas controvertidas pero innegables realidades que son las naciones europeas, históricamente forjadas y que han crecido junto al sistema de los estados europeos, no desaparecen, aunque parecen dar lugar a procesos de implosión interna (micronacionalismos, regionalismos, localismos). Sobre todo no existe una "na-

84

ción europea", si a este concepto le damos un significado fuerte, análogo al usado para delinear las naciones históricas individuales. La pluralidad de las lenguas, la autorreferencialidad interna de los circuitos comunicativos, la incomunicabilidad sustancial de los sistemas educativos, escolásticos, universitarios, las profundas historias divididas e inconciliadas son fenómenos de división en Europa que no pueden banalizarse haciendo referencia a la homología de los consumos, a la frecuencia de las relaciones turísticas o a los contactos entre los intelectuales o los políticos. Éstos son hechos frágiles y contingentes, absolutamente inadecuados para construir una cultura y una memoria histórica europeas en el sentido fuerte del término. Resumiendo: a Europa le hace falta justamente aquello que la retórica europeísta le asigna como algo ya adquirido.

Es evidente que aquí se debe emprender una obra de reconstrucción de grandes proporciones, paralela y técnicamente no diferente (comenzando por la activación del *medium* del relato histórico) de aquélla sugerida acerca del caso italiano. Un trabajo a llevar a cabo al mismo tiempo por cada nación histórica europea. En el caso europeo el universalismo está dado por el diálogo y la confrontación de culturas e historias nacionales y no por su separación. Para este trabajo, por ahora, disponemos solamente del criterio general implícito en el concepto de "patriotismo constitucional". Éste no señala tanto un dato adquirido en algunas culturas democráticas sino el valor de una indicación normativa. Veámoslo más de cerca, incluso en su génesis.

La expresión literal *Verfassungspatriotismus*, patriotismo constitucional, fue acuñada en Alemania a fines de los años cincuenta por el politólogo y filósofo liberal Dolf Sternberger y retomada por él muchas veces en los años sucesivos. Para su autor, esta expresión quería sobre todo ser un modo de sintetizar, idealizándola, la experiencia histórica de algunas naciones democráticas occidentales. Se refería a la síntesis entre república y nación en Francia a partir de la revolución y, obviamente, a la experiencia norteamericana. Interpretando estos hechos para el público alemán, Sternberger quería también volver a unir los componentes iluministas y liberales de la tradición alemana, activos antes de que fueran absorbidos y arrollados por el nacionalismo autodestructivo. Pero sobre todo intentaba establecer un criterio que permitiese a los alemanes de la posguerra tener también ellos "una patria" –en la Constitución democrática, precisamente– a pesar de la división de la nación en dos Estados alemanes y su condición de soberanía política limitada.

El término "patriotismo constitucional" tuvo un destino científico y publicitario modesto hasta que fue retomado por Jürgen Habermas en 1986, en un contexto cultural altamente dramático (en el *Historikerstreit*) y con intentos polémicos que eran extraños a Sternberger. Para Habermas, el patriotismo constitucional se vuelve una alternativa al sentimiento de identidad nacional histórica "normal" que los alemanes, después de Auschwitz, no pueden volver a tener ("El único patriotismo que no nos resulta extraño de Occidente es el patriotismo constitucional. Lamentablemente sólo después de Auschwitz pudo formarse en la *Kulturnation* de los alemanes una convencida adhesión a los principios universalistas de la Constitución.")

No es éste el lugar para apreciar y al mismo tiempo criticar la posición de Habermas, que no está exenta de ingenuidad al afirmar un "tipo normal occidental de identidad nacional" que le sería negado a los alemanes. Es también una posición incongruente porque mientras por un lado recupera la sustancia política de la nación "republicana" (la nación de los ciudadanos), por el otro desclasa conceptualmente a la nación a mero dato étnico prepolítico, aceptando el concepto naturalista y *völkisch* de nación de la peor tradición alemana. Más aún: incluso aceptando la hipótesis de que la nación se colocara en el ámbito de la etnocultura, ésta representaría de todos modos una de esas "formas vitales" que la filosofía habermasiana de la *Lebenswelt* debería críticamente recuperar en su gran diseño de la teoría comunicativa. El patriotismo constitucional habermasiano corre el riesgo, en cambio, de ser la última variante del excepcionalismo negativo de la historia de los alemanes, al que le está impedida la recuperación autocrítica en la tradición liberal occidental con la síntesis entre democracia y nación.

Si nos trasladamos a Italia, también Norberto Bobbio plantea problemas análogos a los que acabamos de referirnos.[1] Toma con precisión el núcleo de la cuestión cuando escribe que en Italia la función de la solidaridad unida a la idea de nación "fue reemplazada o, mejor, se creyó que podía ser reemplazada por la fundación de la república democrática". Pero después de esta constatación, en vez de preguntarse si esta operación se llevó a cabo o bien si representó, en cambio, una debilidad de la misma democracia italiana, Bobbio desarrolla su razonamiento con los clásicos argumentos dicotómicos comunidad vs. sociedad, mundo de la participación vs. lógica del pacto. De este modo, la disyunción entre nación y democracia se refuerza en vez de volverse el problema que es necesario volver a ver conceptualmente ("la lógica del discurso social es tan diferente del discurso comunitario que es difícil entrecruzarlo y superponerlo, como se hace cuando se consideran el patriotismo de la Constitución y el patriotismo de la nación, uno reemplazado por el otro").

A mi modo de ver, en cambio, tiene sentido desarrollar la problemática del patriotismo constitucional solamente si en su concepto se realiza la re-unión entre nación y democracia. La nación-de-los-ciudadanos, efectivamente, se articula dentro, no fuera o contra la nación histórica,

[1] Norberto Bobbio, "Quale Italia?", *Reset*, nº 13, enero de 1995.

cualesquiera hayan sido sus vicisitudes. El patrio-tismo constitucional, correctamente entendido, implica una relación entre ciudadanos que no resulta solamente de la satisfacción pactada por los intereses recíprocos y el "intercambio de ra-zones", sino también del reconocimiento de una común pertenencia de cultura e historia, aun cuando sea incómoda y esté cargada de ambi-güedad. Cuando es "constitucional", el patriotis-mo no es un sentimiento que se "carga consigo", sino un ejercicio de virtud cívica que no prescin-de de los sentimientos y que, por el contrario, los filtra críticamente.

Solamente así resulta posible la instigación del acercamiento del concepto jurídico-formal de Constitución al *pathos* tradicional de las palabras patria y patriotismo. Un concepto sugestivo en-tonces es el de patriotismo constitucional, com-plejo y críticamente construido. No se deja iden-tificar inmediatamente con la *constitutional faith*, la fidelidad constitucional, de la que tanto y con tanto énfasis se habla en el debate norteamerica-no. Ésta, en realidad, señala una creencia, justa-mente una fe, que se vuelve (o debe volverse) na-turalmente una costumbre política y cultural ins-pirada en los principios de los Padres fundadores de la Constitución norteamericana.

Distinta es la situación de Italia y de Alema-nia. Aquí el patriotismo constitucional no es una fe en el pasado sino un proyecto futuro –incluso aunque en el caso italiano el movimiento de Re-sistencia, reevaluado en sus componentes democráticos patrióticos, sugiere la presencia de un patriotismo constitucional en los orígenes mismos de la República.

De todos modos, el patriotismo constitucional –entendido no como reemplazado por el amor por la patria tradicional sino como su realización en una democracia madura– es un denominador común y un ideal normativo de todas las democracias contemporáneas.

Índice

Se terminó de imprimir
en el mes de diciembre de 1997
en Nuevo Offset, S.R.L., Viel 1444,
Capital Federal, República Argentina.
Se tiraron 1 000 ejemplares.

Serie Breves

dirigida por Enrique Tandeter

Próximos títulos

Germán Bidart Campos
El federalismo en nuestros días

Carlos Floria
Nacionalismos de hoy y de ayer

José Nun
La democracia política y sus usos

Marcelo Cavarozzi
*Reforma económica, desestatización
y partidos políticos*

Roberto Cortés Conde
Auge y declinación de la economía argentina

José Carlos Chiaramonte
El primer federalismo argentino

Elizabeth Jelin
Pasado y futuro de la familia

José Nun
Exclusión social y fin del trabajo asalariado

Roberto Russell
*Cambios y continuidades
en las relaciones internacionales*

Natalio Botana
El federalismo liberal

www.ingramcontent.com/pod-product-compliance
Lightning Source LLC
Chambersburg PA
CBHW032143040426
42449CB00005B/382